PROGRAMME

D'UNE

ÉGLISE PAROISSIALE

PROGRAMME

D'UNE

ÉGLISE PAROISSIALE

POUR

LA VILLE DE PARIS

ET DES GRANDES VILLES DE FRANCE

COMPRENANT LES AMÉLIORATIONS RÉCLAMÉES PAR LES USAGES ET LES MŒURS
DU XIXe SIÈCLE

PAR A.-L. LUSSON

ANCIEN ARCHITECTE DES TRAVAUX PUBLICS, ANCIEN COMMISSAIRE-VOYER DE LA VILLE DE PARIS

AUTEUR DES OUVRAGES INTITULÉS :

Constructions rurales au meilleur marché possible ; monuments antiques et modernes de la Sicile ;
Palais et maisons de Naples; Projet d'un collége pour 300 élèves de la ville de Paris, divisé en petit et grand collége ;
Plan de réunion du Louvre aux Tuileries, comprenant la Bibliothèque royale et des Galeries
pour l'exposition des produits de l'industrie française ;
Projet d'archevêché terminant l'île de la Cité et se liant avec l'église Notre-Dame de Paris ;
Recueil de trente fontaines monumentales ; Spécimen d'architecture gothique ;
Projet de grandes lignes de chemins de fer de Paris à l'Océan ;
Description des principaux monuments de Munich ;
Projet d'un théâtre d'Opéra définitif pour la ville de Paris ;
Projet d'un nouveau système d'église, ouvrage dédié à S. M. l'Empereur des Français.

PARIS
IMPRIMERIE DE P.-A. BOURDIER ET Cie
30, RUE MAZARINE

1858-1859

INTRODUCTION

Depuis un demi-siècle la population de Paris a augmenté de plus d'un tiers; la ville, par conséquent, s'est beaucoup agrandie, et lorsqu'elle n'aura plus de limite que les fortifications, comme c'est le projet du gouvernement, sa superficie sera immense. Dans l'état actuel le nombre des églises a cessé d'être en rapport avec cet accroissement rapide.

La classe ouvrière a pris, dans la capitale, des proportions considérables, les nombreux enfants qui lui appartiennent manquent la plupart du temps des soins religieux et des consolations spirituelles, que les parents absorbés par le travail ne peuvent leur donner.

En présence de cet état de choses, les administrations municipale et ecclésiastique ont reconnu la nécessité de créer de nouvelles paroisses, et d'élever dans Paris au moins six églises paroissiales, où cette partie de la population, abandonnée à elle-même, trouverait le secours de la direction morale et l'éducation religieuse qu'elle ne peut recevoir, par l'insuffisance des églises actuellement existantes.

M. le préfet, dont on connaît l'infatigable sollicitude pour la classe laborieuse et l'amour des beaux-arts, encouragé par le conseil municipal, a décidé la construction de nouvelles églises grandes et commodes.

La dernière église construite et livrée au culte depuis quelque temps (Sainte-Clotilde) ne renferme pas le quart des dépendances nécessaires à une église paroissiale de la capitale. Il est donc urgent de remédier à cet inconvénient, et d'éviter à l'avenir les annexes ou échoppes adossées en dehors des églises et même des cathédrales, qui détruisent les lignes, l'harmonie et l'élégance des monuments, tout en augmentant la dépense, ce qui n'aurait pas été nécessaire si toutes les dépendances avaient été comprises dans les plans primitifs des édifices religieux.

L'administration municipale ni les archives de l'Archevêché ne possédant pas de données certaines sur la distribution intérieure d'une église paroissiale, nous avons essayé de remédier, autant qu'il est en notre pouvoir, à cette regrettable lacune, en rédigeant un programme complet de tous les accessoires nécessaires pour une église paroissiale de Paris.

Toutefois, dans la rédaction de ce programme, nous avons eu soin de nous conformer aux exigences de nos mœurs actuelles, en vue de la plus grande économie possible et de la prompte exécution ; et en harmonisant ensuite ces églises, autant que le budget le permettra, avec les beaux et grands monuments qui embellissent la ville de Paris, monuments qui en font la reine des capitales, l'admiration de toutes les nations et l'empire de l'art architectural sur tous les peuples.

Notre travail pourra, nous l'espérons, servir de renseignement et de base à l'érection des nouvelles églises et à l'amélioration des anciennes.

PROGRAMME
D'UNE
ÉGLISE PAROISSIALE
POUR LA VILLE DE PARIS
ET LES GRANDES VILLES DE FRANCE

SITUATION
ET
DISPOSITION EXTÉRIEURE DU MONUMENT

I

EMPLACEMENT.

Une église doit toujours être isolée par de larges rues et précédée, du côté de l'entrée principale, d'une belle place pour le stationnement des voitures, souvent nombreuses, pendant les grandes cérémonies religieuses.

II

SOL DES ÉGLISES.

Il ne faut pas que le sol de l'église soit trop élevé au-dessus du niveau de l'emplacement où elle est située. Un grand nombre de marches à monter offre des inconvénients graves dans les mauvais temps, surtout les jours de gelée, pour les enfants, les gens âgés et les infirmes, de même que pour le transport des cercueils, lors des enterrements.

Cette disposition a encore l'avantage de diminuer de beaucoup la dépense des constructions.

III

FAÇADE PRINCIPALE.

Sur la façade principale existeront un ou plusieurs porches ou portiques de grandes dimensions qui permettraient aux fidèles de se recueillir avant d'entrer dans l'église, et où seront placées les entrées les plus grandes de l'édifice.

L'architecture de cette façade présentera des formes nobles, majestueuses, et de belles lignes décorées de sculptures sans profusion d'ornements. Cependant le temple de Dieu ne peut avoir rien de trop grandiose, les églises étant toujours un des principaux ornements des villes [1].

Un ou deux clochers termineront la façade; il n'est pas nécessaire qu'ils soient de grande dimension, les cloches seront d'une moyenne grosseur, afin d'éviter toute espèce de plainte au sujet du bruit, l'église n'étant pas éloignée des paroissiens comme dans les campagnes.

[1] Les villes sont souvent indifférentes sur l'éxécution de leurs édifices et le choix des architectes, elles oublient combien les monuments ont de puissance sur les populations; beaucoup de villes seraient inconnues si elles ne possédaient pas une belle église.

Les édifices ne sont pas faits pour la renommée des architectes mais bien pour l'honneur des villes.

Les monuments sont la plus grande gloire des peuples; les Égyptiens, les Grecs et les Romains seraient moins admirés aujourd'hui, s'ils n'avaient pas érigé tous ces temples, palais, et tous les merveilleux monuments d'architecture qui prouvent toute leur ancienne grandeur. Plusieurs peuples seraient presque encore ignorés, si des fouilles récentes n'avaient fait découvrir des villes de l'Égypte et de l'Assyrie qui font connaître la richesse de leurs temples et les nombreux palais de toute espèce qui prouvent leur splendeur. Ainsi, sans l'art architectural, les Assyriens et plusieurs villes de l'Égypte seraient pour ainsi dire inconnus.

Un emplacement convenable sera réservé pour placer une horloge.

IV

FAÇADES LATÉRALES.

Les façades latérales doivent avoir aussi des entrées convenables ; les élévations en seront étudiées avec soin et mises en harmonie avec l'architecture de la façade principale.

Le même caractère ornemental sera conservé aux façades de l'abside, où seront également placées des entrées, mais d'une moins grande dimension.

V

ENTRÉES.

Il est indispensable d'avoir beaucoup d'entrées et de sorties dans l'église, afin d'éviter l'encombrement. Il en faudrait au moins trois sur la façade principale : celle du milieu pour les grandes cérémonies, les deux autres en face les bas-côtés ; deux moins grandes sur chaque façade latérale et deux à l'abside. Ces neuf entrées principales seront précédées chacune, pour éviter l'inconvénient des courants d'air, d'un vestibule bien éclairé, destiné à remplacer les hideux tambours placés dans la plupart des églises actuelles.

D'ailleurs on pourra toujours, en vue de la surveillance, restreindre l'accès de l'édifice, en fermant une partie de ces portes.

D'autres entrées secondaires, dont il sera question plus tard, devront aussi être pratiquées à l'extérieur.

VI

PORCHES AVEC ACCÈS POUR LES VOITURES.

Beaucoup de personnes viennent en voitures publiques ou particulières pour assister aux cérémonies religieuses, il est donc nécessaire d'avoir des porches ou portiques avec accès facile pour descendre de voiture à couvert. Pour ne pas encombrer les entrées de la façade principale, les portiques devront être placés de préférence sur les entrées latérales. Les voitures ne gêneront pas les personnes à pied, qui entrent ordinairement par la façade principale.

DISTRIBUTION INTÉRIEURE

BESOINS GÉNÉRAUX DU CULTE

PARTIE OUVERTE AUX FIDÈLES.

VII

FORME DU PLAN.

Autant que possible, la forme du plan intérieur de l'église figurera la croix latine généralement adoptée depuis des siècles, et offrant des avantages pour la disposition des principaux autels et l'organisation des grandes cérémonies.

VIII

DISPOSITION GÉNÉRALE.

L'intérieur de l'église doit être convenablement orné de sculptures et parfaitement éclairé dans toutes ses parties, de manière que si l'on désire y placer des verrières de couleur, les jours soient toujours bien ménagés, ce qui permettrait également des peintures ou fresques représentant les grandes scènes et les symboles de la religion.

Les beaux-arts et les sciences ennoblissent les peuples et achèvent de les policer.

IX

NEF ET TRANSEPT.

L'église devant contenir un grand nombre de personnes, la nef et le transept auront de grandes dimensions, afin que les fidèles embrassent en entier l'ensemble de l'église et puissent bien voir les cérémonies religieuses.

De chaque côté de la nef ou des bas-côtés seront placées des chapelles, afin que les fidèles, en entrant dans l'église, soient rappelés aussitôt au respect religieux et à l'impression du culte et de ses cérémonies.

X

CONSTRUCTION DES VOUTES.

La population de Paris allant toujours en augmentant, les églises exigent de vastes proportions; mais il ne faut pas oublier que la voix humaine doit s'y faire entendre facilement, par conséquent les voûtes seront combinées de manière à satisfaire aux nécessités d'une acoustique particulièrement favorable à la voix du prédicateur, et telle que les paroles des prêtres puissent se faire entendre de tous ceux qui les écoutent.

CHAPELLES

XI

CHAPELLES DE LA NEF.

Six ou huit chapelles placées de chaque côté de la nef sont nécessaires. Comme à Paris il réside beaucoup de prêtres étrangers il serait peut-être utile de leur en réserver une pour dire leur messe.

Plusieurs d'entre elles doivent être de diverses grandeurs, afin de satisfaire aux circonstances où le clergé est plus ou moins nombreux, ainsi que les assistants ; notamment selon la graduation des classes d'enterrements.

XII

DISPOSITIONS DES GRANDES CHAPELLES.

Presque chaque jour ont lieu, au même instant, des baptêmes, des mariages et des enterrements. Ces cérémonies font éprouver des sensations d'une nature toute différente. Les personnes qui assistent à un mariage sont contrariées de voir des tentures noires couvrant quelquefois toute l'église, et d'entendre la messe des morts. On ne peut remédier à cet inconvénient dans les anciennes églises.

Une grande amélioration dans la construction des nouvelles églises serait donc qu'on pût célébrer un mariage et un enterrement, au même moment, sans pour ainsi dire que les assistants à la cérémonie du mariage puissent voir ou entendre la messe des morts. Par cette prévoyance, la dignité et la grandeur du caractère sacerdotal ne seraient que mieux conservées.

Ce problème est difficile, mais nos habiles architectes sauront bien le résoudre.

XIII

CRYPTE.

Une petite chapelle souterraine ou crypte sera pratiquée pour recevoir les cercueils, lorsque les familles voudront ajourner les enterrements ou déposer les corps après les cérémonies religieuses pour les faire transporter dans les sépultures de famille.

XIV

CHAPELLE DES BAPTÊMES.

La chapelle des baptêmes sera placée à l'entrée de l'église. Au-dessous de cette chapelle sera construit un sous-sol dans lequel on pratiquera une sorte de petit puits destiné à écouler les eaux du baptistère.

XV

CHAPELLE DE LA VIERGE.

Cette chapelle attirant presque toujours beaucoup de fidèles, et étant la plus importante de toutes, aura un vaste développement, afin de permettre d'y célébrer de grandes cérémonies; il serait donc convenable de placer, de chaque côté de l'autel, quatre ou six stalles pour les prêtres, qui souvent sont obligés d'y assister.

Il serait utile encore d'avoir pour cette chapelle un porche ou vestibule où l'on puisse descendre de voiture à couvert.

XVI

CHAPELLE DES CATÉCHISMES.

A Paris, il est absolument nécessaire que la chapelle des catéchismes ne soit pas toujours publique; elle doit être souvent fermée, de manière que les étrangers en grand nombre dans la capitale, et qui visitent presque toutes les églises, ne puissent venir troubler les instructions.

Cette chapelle doit être spacieuse, bien aérée et bien décorée pour donner du respect aux enfants. Autant que possible, elle sera établie au midi. Elle doit contenir environ cinq cents enfants. Indépendamment de l'entrée par l'église, il serait bien qu'il y eût une entrée à l'extérieur. Il y aurait aussi avantage à établir une petite pièce à côté, pour que le prêtre puisse recevoir les parents des enfants et y déposer les livres.

XVII

CHAPELLE DES MARIAGES MIXTES.

La chapelle des catéchismes étant très-grande, bien ornée, pourra servir à la célébration des mariages mixtes.

XVIII

MAITRE-AUTEL.

Le maître-autel sera disposé à la romaine entre le chœur et le sanctuaire, de manière à être vu en entrant de tous les assistants ; mais il importe qu'il soit placé de telle sorte, que le prêtre ne souffre pas des courants d'air. Ce dernier inconvénient doit être évité également, lorsque le clergé et les chantres occupent les stalles du chœur, et lorsque les prêtres officient aux autres autels. Cette amélioration exécutée empêchera la pose des boiseries placées derrière les stalles, au pourtour du chœur et du sanctuaire des églises, boiseries qui sont d'un effet à la fois gênant et disgracieux, et qui empêchent les fidèles de voir les cérémonies et de les bien comprendre.

XIX

CONFESSIONNAUX.

Les besoins du culte exigeront au moins l'établissement de huit ou dix confessionnaux et de neuf autels, en y comprenant le maître-autel et les deux autels placés dans le transept, qui sont les plus importants après celui-ci.

Comme il réside beaucoup de prêtres étrangers à Paris, ainsi que nous l'avons déjà dit, nous croyons convenable de réserver un ou deux confessionnaux pour ces prêtres.

On évitera de placer les confessionnaux trop près des autels et des passages pour prévenir toute distraction possible.

XX

STALLES.

Les stalles des chantres seront disposées dans le chœur,

attendu ses vastes dimensions, et de façon à être en vue des fidèles et à imposer une tenue convenable à cette classe de laïques.

Quant aux stalles des prêtres, elles occuperont les côtés du sanctuaire, dont la grandeur permettra de donner aux cérémonies toute la pompe désirable. Une stalle plus grande sera destinée au curé.

Toutes ces stalles seront mises également à l'abri des courants d'air.

XXI

PETIT ESCALIER DE SERVICE DU SACRISTAIN.

Derrière et adossé au maître-autel, doit être pratiqué un petit escalier double en fer, presque invisible, qui permet au sacristain de ne pas monter sur l'autel pour placer la croix sur le tabernacle, et de faire le service du luminaire dans les conditions de convenance néc essa ires

XXII

ESCALIERS DES DIVERSES DÉPENDANCES.

Des escaliers disposés près des vestibules des porches de la façade principale conduiront au grand orgue, aux tribunes et aux dépendances, et se prolongeront jusqu'aux souterrains

XXIII

ORGUES.

Le grand orgue sera placé au-dessus de l'entrée de la nef. Un petit orgue sera établi dans le chœur derrière le maître-autel : disposition avantageuse pour la direction du chant.

XXIV

TRIBUNES.

Il serait bien d'établir des tribunes particulières dans l'intérieur de l'église, placées à une hauteur convenable pour voir, entendre et suivre le prédicateur, mais sans changer la régularité et la noblesse de l'architecture et avec des entrées particulières. Ces places de distinction pourraient être louées avantageusement.

XXV

GRILLE DE FERMETURE.

Une grille établie de chaque coté du chœur, pour clore les chapelles d'après une disposition particulière, les protégera contre l'approche du public et des malfaiteurs, et permettra de réduire à l'espace seul du transept et de la nef la surveillance à exercer.

BESOINS SPÉCIAUX DU CULTE

PARTIE RÉSERVÉE AU CLERGÉ.

XXVI

SACRISTIES.

Trois sacristies sont indispensables aujourd'hui : Une pour les ecclésiastiques, la seconde pour les chantres et la troisième pour les mariages. Comme il est d'usage maintenant qu'un grand nombre de personnes se réunissent avec les parents des mariés pour signer les actes ou complimenter les nouveaux époux, il est donc utile qu'elle soit spacieuse et contienne plusieurs entrées et sorties.

La sacristie des prêtres peut être placée près de celle des chantres, mais en conservant la facilité d'interrompre les communications entre elles.

Ces deux sacristies, outre leurs entrées à l'intérieur de l'église, auront des entrées également à l'extérieur, surtout la sacristie des prêtres recevant presque toute la journée beaucoup de monde pour affaires personnelles.

XXVII

CABINET DE M. LE CURÉ.

Près de la sacristie des prêtres, il doit y avoir un cabinet de travail pour M. le curé, avec cheminée, et d'une assez grande dimension, afin de recevoir dignement monseigneur l'archevêque de Paris, lorsqu'il vient pour confirmer ou assister aux cérémonies importantes. Ce cabinet aurait à l'extérieur une entrée spéciale indépendamment de celle de l'intérieur.

XXVIII

CABINET DU PRÉDICATEUR.

A coté du cabinet de M. le curé devrait être placée une petite pièce, avec cheminée, pour le prédicateur, où il pût se recueillir avant le sermon; elle servirait aussi à la confession des sourds.

XXIX

SALLES DU CONSEIL, DES ARCHIVES ET BIBLIOTHÈQUE.

La salle du conseil de fabrique doit être d'une dimension convenable ; puis la salle du trésor et enfin celle des archives, qui, si la place manquait, pourrait servir de bibliothèque.

SERVICES MATÉRIELS ET DÉPENDANCES

XXX

CIRCULATION DES GENS DE SERVICE.

L'escalier de service sera construit près des sacristies avec une entrée spéciale à l'extérieur et une autre dans l'église, afin que les ouvriers et personnes chargés des services matériels de l'église et de la fabrique, puissent opérer les transports du bois, de l'eau, du charbon, des ustensiles, etc. sans être obligés de traverser l'église pour pénétrer dans les caves et autres dépendances souterraines, ou monter jusqu'aux combles.

XXXI

SALLE DE DÉPOT ET CABINETS DIVERS.

Près de l'escalier de service, il doit y avoir une vaste salle de dépôt pour les objets servant seulement aux grandes fêtes.

Au premier palier de cet escalier doivent être placés trois cabinets d'aisances, un pour les prêtres, l'autre pour les chantres, et le troisième pour les étrangers qui pourraient se trouver indisposés.

XXXII

MAGASIN POUR LE LUMINAIRE.

Une petite pièce pour les divers services journaliers : le luminaire, les lampes, etc., etc.

XXXIII

LOGEMENT DU PRÊTRE RÉSIDANT.

Un petit logement convenable pour un prêtre, avec une sonnette de nuit placée à l'extérieur.

XXXIV

LINGERIE ET ACCESSOIRES.

Une lingerie avec une autre pièce pour repasser et visiter les divers ornements de l'église.

XXXV

LOGEMENT DU SACRISTAIN.

Un logement pour le sacristain fera suite au logement réservé au prêtre.

XXXVI

LOGEMENT DU SUISSE.

Un autre logement pour le suisse devra être placé près la salle du trésor.

XXXVII

CALORIFÈRES.

Les calorifères pour chauffer l'église seront placés dans un souterrain, et pourraient aussi chauffer les sacristies.

XXXVIII

VENTILATION.

L'accès des croisées et autres ouvertures de l'édifice, par une disposition particulière, sera rendu commode de manière à ce que les personnes de service puissent facilement régler la ventilation de l'église, ainsi que garantir les fidèles de l'ardeur ou de la trop grande lumière du soleil.

CONCLUSION

XXXIX

AMÉLIORATION DE L'INTÉRIEUR.

Malgré toutes les dépendances détaillées dans ce programme, l'intérieur de l'église conservera néanmoins un aspect de grandeur et d'unité saisissant pour les spectateurs, qui pourront s'y mouvoir plus librement, et dans un volume d'air plus considérable qu'il n'est habituel dans les églises. En même temps les mesures d'ordre seront facilitées et assurées.

XL

AVANTAGES GÉNÉRAUX.

Quoique ce programme offre de grandes difficultés dans son ensemble, nous croyons que les progrès de l'art, le perfectionnement des moyens de construction rendent actuellement possible d'élever une église paroissiale, à Paris, dans l'espace d'une année, tout en réalisant une économie de plus de moitié sur les dépenses des constructions antérieures, en assurant à l'édifice des conditions de solidité au moins égales, en le mettant à l'abri des incendies par le choix des matériaux employés, et en lui conservant un caractère de grandeur religieuse et un aspect monumental aussi imposant que celui des anciennes églises.

Ces diverses combinaisons sont possibles, nos longues études et notre travail terminés nous l'ont prouvé, et malgré toutes les dépendances nécessaires indiquées dans notre programme, que ne possède aucune église aujourd'hui, il en résulterait pour la ville de Paris une économie de plusieurs millions. Cette économie s'appliquerait aux églises à construire, et permettrait, par conséquent, d'élever plus promptement des édifices d'utilité publique de chaque jour et qui embelliraient encore notre magnifique capitale [1].

A.-L. LUSSON,
Architecte.

Paris, 1858-1859.

[1] D'éminents prélats et plusieurs curés de grandes paroisses de la ville de Paris ont bien voulu lire attentivement notre programme, examiner en détail les plans que nous avons faits et qui contiennent toutes les dépendances et améliorations indiquées ci-dessus, y donner leur entière approbation et reconnaître enfin que notre travail sera très-utile, comme nous l'avons dit plus haut, pour les constructions des nouvelles églises et l'amélioration des anciennes.

Paris. — Imp. P.-A. BOURDIER et Cie, rue Mazarine, 30.

www.ingramcontent.com/pod-product-compliance
Ingram Content Group UK Ltd.
Pitfield, Milton Keynes, MK11 3LW, UK
UKHW021159230726
13926UKWH00001B/184